JN411130

머물고 싶은 세월

서정시선 · 09

머물고 싶은 세월

지은이 | 안영호

펴낸이 | 윤송석

편집인 | 차영미

펴낸곳 | 서정문학

초판 · 펴낸날 | 2010년 12월 30일

주 소 | 서울시 영등포구 문래동1가 39 센터플러스 910

전 화 | 02-720-3266 · 070-7760-3091

홈페이지 | http://www. seojugmunhak.com

http://cafe.daum.net/seojungmunhak.com

이메일 | sjmh1@hanmail.net

등 록 | 2007. 12. 18

ISBN 978-89-94807-00-3 03810

정가 8,000원

머물고 싶은 세월

| 동 | 암 | 안 | 영 | 호 | 시 | 집 |

서정문학

시인의 말

사랑을 하면 시인이 된다는 말이 있습니다.

사랑이란 우리들이 살아가는데 가장 소중하고 가치 있는 것이기에 예로부터 시인들이 사랑을 노래하며 즐겨 표현하였는가 봅니다.

아름다운 세상은 아름다운 사람들이 모여서, 만나는 인연을 실타래 풀어나가듯 한 올 한 올 풀어나가는 글도 아름답습니다.

작은 것에 미안해 하고, 작은 것에 감동 받고, 작은 성취에도 만족할 줄 알고 희망이 되는 이야기, 꿈이 되는 이야기를 봉숭아 꽃물이 손톱 끝에 곱게 물들이듯 아름다운 이야기들을 세상과 소통할 수 있도록 겸손하고 낮은 자세로 초심의 모습을 간직한 채 잎을 피우고 열매를 맺도록 하겠습니다.

환갑이 지나 늦은 나이에 삶의 흔적을 한데 묶어 출판하려 하니 왠지 마음이 설레고 부끄러움이 앞섭니다.

내게 시집을 내도록 격려와 용기를 주신 모든 분들께 이 작은 선물을 드리며 사랑하는 아내와 가족들과 함께 오늘의 기쁨을 함께 나누고 싶습니다.

이천십년 십이월 · 동암 안영호

contens

제1부 인생살이

제2부 바다와 꽃

contens

제3부 교훈

contens

제4부 사랑의 노래

contens

제1부

인생살이

경비 아저씨 마음

아저씨의 하루는
간밤에 있었던 일로 대화 나누고
만나는 사람마다 다정스레 인사하며
순찰로 시작한다.

하늘은
금방이라도 비가 쏟아질 듯
먹구름으로 뒤덮여
마음까지 어수선한데

주민들이 토해 낸
뒤죽박죽 섞어진 산더미 같은 쓰레기
원망도 미움도 많건만
그저 웃으며 분리수거하는 모습이 부처와 같다.

주워도 주어도
끝이 없는 쓰레기
허물거린 쓰레기도 마다 않고
모두 주워담는다.

만개한 벚꽃 잎
바람결에 흩뿌려져 요동쳐도
허무한 가슴 내려놓고
힘든 삶 쓸어 담는다.

그동안
움켜진 소망과 욕망을 다 묻어버리고
잊혀져 간 흔적을 되돌아본 듯
창밖의 하늘만 멍하니 응시하고 있네.

역사 속 남광주역

철마의 기적소리 울릴 때 남광주역은
사람들이 떠나고 돌아오는 곳으로
북적북적해
사람 냄새가 물씬 풍긴
삶의 터전이었다.

인고의 세월
삶의 희로애락이
칡덩굴처럼 얽혀서
진한 삶이 서려 있는 남광주역은
추억 속의 연결고리였다.

이젠 폐쇄 돼
만초들의 숱한 애환을 간직한 채
역사의 추억 속으로 사라져
그리움과 안타까움이 더한다.

잃어버린 외투

내가 아끼고 아낀
외투를 잃어버렸다.

며칠간 눈에 선해
일손도 잡히지 않고
꿈에서도 눈에 선하다.

그러나
아마도
나보다도 더 필요한 사람에게 갔을 테지.

그것도
아마 누구인가
추위를 막기 위해 입고 있겠지.

마치 내가 입고
추위를 이겨낸 것처럼.

할머니의 기도

사람들로 붐비는 육교 밑
손바닥만 한 돗자리 깔아놓고
웰-빙 식품 홍보대사처럼
쑥이며 상추와 마늘 등
싱싱하고 푸짐한 채소를
보기 좋게 진열해 놓고
잔주름으로 치장한 할머니 한 분 앉아 계신다.

오가는 사람 불러 정답게 인사하며
세상 돌아가는 이야기 주고받다
혹 인연 되어 다가와 오면
숨넘어갈 듯 손 내밀어 반기며
밀고 당긴 흥정으로
못이긴 척 슬그머니 져주고
계산 치르도록 하며,
쭈글쭈글한 손으로 상추를 덥석 쥐어
덤으로 준다는 정 많은 할머니

한나절이 지나 인적이 뜸해지면

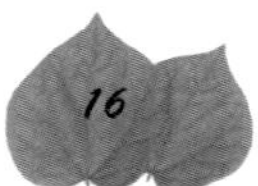

김치와 깍두기에 찬밥으로
허기진 배를 채우니
졸음이 와서인지 환한 웃음 지으며
무슨 소원을 기도하는지
꾸벅꾸벅 오수에 빠져있네.

지게와 작대기

지게와 작대기는
실과 바늘처럼
떨어져서는 안 될
하늘이 내린 천생배필이란다.

지게는 허구한 날
무거운 짐만 등에 업고서도
무겁다는 불평 한 마디 없이
묵묵히 순응하고

작대기는
자신을 내세우지도 않으면서
항상 지게 곁에서 위로하고 격려하며
힘든 몸을 지탱하도록
큰 버팀목이 되어주네.

우리 내 삶도
지게와 작대기처럼
항상 배려하며 살고 싶다.

유능한 지도자

고속 승진으로 출세하다 보면
간혹 부하나 동료위에
군림하게 되고 오만하게 된다.

지도자의 오만으로
직장 분위기는 살얼음판을 걷게 되고
날이 갈수록 유능한 직원은 하나 둘 떠나
끝내 나쁜 평판과 오만에
돌이킬 수 없이 추락한다.

유능한 지도자는
군림과 오만에서 탈피해
작은 것에 귀 기울여 경청하고
감동하여 크게 칭찬하며
대화하고 환히 웃는 지도자이다.

어머니 냄비 사랑

손잡이도 떨어져 나가고
색마저 바래 버린
볼품없이 울퉁불퉁 찌그러진
고물 같은 냄비

노란 냄비는
아들딸 공부할 때
라면을 끓여주어
정들어 못 버리고

파란 냄비는
아들딸 낳고
미역국 끓여먹어
자식생각에 버리지 못하며

손잡이 없는 냄비는
그 곳에 청국장을 끓여야
숙취에 좋다고 버리지 못해
차곡차곡 쌓아둔다.

어머니는
냄비를 닦을 때 마다
손에 딱 맞아
정이 들어 못 버린다고 웃으신다.

아버지의 사랑

아버지의 사랑은 눈에 보이지도
손에 잡히지도 않은가 봅니다.

아버지의 사랑은 표현방법이 서툴러
사랑을 표출하지 못하고
마음으로 아파하고 우는 가 봅니다.

가족의 행복을 위해
자존심이 무너지는 자리에서도 모르는 척
하! 하! 하며 너털웃음 웃으시고
힘들고 지쳐도 내색한 번 없이
가족 앞에서는 눈물 한 방울 흘리지 않았습니다.

내가 아버지가 되어
뒤늦게야 알았습니다.
아버지의 술잔에
왜? 보이지 않는 눈물이 고여 있는지
아버지는 왜? 허공을 향해 줄담배를 피우시는지

가족들이 미처 헤아리지 못한
아버지의 사랑과 눈물을
이제야 조금은 알 것 같습니다.

생사의 갈림길

당신이 살아온 시간은
즐거운 시간보다
병마와 사투한 시간이 많아
그리움이 더합니다.

삶의 마지막까지
철재 침대 하얀 시트에 누워
까까머리 핏기없는 얼굴로
고통의 아픔을 견디어 낸 당신

들숨날숨 가쁜 숨소리 내며
뚝뚝 떨어진 항암주사 공포에
아픈 고통과 구토를 참아가면서도
삶의 끈을 놓지 아니한 당신

진한 약냄새에 젖어
말도 하지 못한 애처로움에도
무얼 당부하려는지 떨리는 입놀림
눈에는 항시 눈물이 마르지 않던 당신

그리운 얼굴들을 한 번이라도
더 보고 만져 보려는 절규에
조금이라도 더 버티려고 몸부림치더니
마지못해 우리 곁을 떠난 당신

이젠 꿈에서라도 만나
그렇게 걱정한 아들이야기부터 시작해
생전에 못다 한 이야기 밤새워 나누고 싶은
그리움이 가슴속에 일렁입니다.

머물고 싶은 세월

설레임 속에
살며시 문을 열면
해맑은 미소로 맞던 교실
젊음으로 남고 싶은 그 자리

무심한 것이 세월이라고
사십 년 넘게 이어 온 긴 끈을
이젠 나이 반백이 넘어
노년으로 들어서 놓으려 하네.

교단에 선 지난 시절
내 꿈은
너그러움과 열정으로 몸을 불사르며
칠판에 환을 쳐가며 열변을 토해
어린이들에게 부족함을 채워주고파
항상 곁에 머물고 싶은 소박한 꿈이 있었지만

이젠 더 이상
머물고 싶은 추억들을 접고

꿈도 젊음도 고갯길에 오르고
산마루에 걸린 노을이 떨어지니
더 이상 붙잡을 수 없어
묵묵히 지켜 온 교단이
내 곁을 떠나려 하네.

정년

항상 멈추지 않고
젊음으로 남아 영원히 함께 하려던 그 자리
몇 번이고 붙잡아 보려 몸부림치지만
어느새 정년이라네.

지난 세월 힘들고 아픈 고통의 늪도 많았지만
너그러움과 다정한 마음으로
아이들의 가슴에 지혜를 채워주고
사랑과 배려로 정을 듬뿍 주었는데

이젠 지난 발자취를 추억으로 간직한 채
무거운 짐 내려놓고
앞으로 할 일은 건강 지킴이라네.

우연히 만난 소나기

무더위를 식혀주는
우연히 만난 소나기
언젠가 그칠 것이지만
지금은 우산이 없는 것이 두렵습니다.

소나기를 만나 한숨 짓지만
달라지는 건 내 가슴만 아릴뿐
소나기는 오래 머물지 않고
잠시 내 곁에 머물다 떠난다네.

우리도 살다 보면
상처가 마음까지 흠뻑 젖은 강한 소나기도
우리 곁에 잠시 머물다
고운 무지개로 다시 떠오른다네.

부부의 닮아감

부부란
처음 만나선
모든 게 낯설고 맞지 않아
하찮은 일로
티격태격 싸우며 속상해 하고
서로를 원수처럼 미워하다가도

세월이 흐르면
자연스레 맞아 들어가
맞물린 톱니바퀴처럼
어느 순간 서로가 익숙해진
천생연분이란다.

살면서 힘들고 어려우면
남편은 앞에서 끌고
아내는 뒤에서 밀며
여보! 당신! 부르다
정이 들어가니
부부는 서로 닮아간다.

부부의 사랑탑

부부로 출발선에 섰을 때
사랑은
화사한 분홍빛이었네.

그러다
하루가 가고,
일 년이 가고
해가 거듭될수록
분홍빛이 누렇게 바랠 때

남편은 아내를 위해
아내는 남편을 위해
사랑으로 선택해
날마다 새로운 마음으로
사랑탑을 쌓으려 한다.

자식과 어머니

우리를 배불리 먹이기 위해
당신은 허리띠를 졸라 매셨습니다.

우리들의 건강을 위해
당신은 병을 얻어 아파하셨습니다.

우리들의 행복을 위해
당신의 손발은 부르트고, 얼굴엔 골이 패였습니다.

우리들이 편안하게 잠들 때
당신은 호롱불과 싸우며 밤을 지셨습니다.

우리들이 학교에서 공부하고 뛰어놀 때
당신은 들로 산으로 해매셨습니다.

우리들이 잘되고 행복하라고
당신은 손이 닳도록 빌고 또 빌었습니다.

우리들이 예뻐 보이기 위해

당신은 변변한 새 옷 한 번 입지 않으셨습니다.

우리들이 행복하게 사는지
당신은 죽어서라도 하늘에서 내려다보며 살피십니다.

뒤늦게야 우리들은 효도 한 번 하지 못해 슬피 울어도
당신은 괜찮다고 위로하십니다.

우리들이 원하는 건
당신은 감싸주며 희생하셨습니다.

동네 우물

옛날
동네 우물은
청춘남녀의
만남의 장소여서

물 긷는 것은 뒷전으로
맘에 든 애인 만나
데이트하든
로맨스가 깃든 곳

물 좀 먹고 싶다면
바가지에 물을 떠서
수줍은 듯 손을 내밀면
은근슬쩍 잡아보던
마음 설레던 그리움
지금은
없어진 우물이어도
그때 그 시절 추억이
새록새록 생각난다.

반딧불

어릴 적 내가 살던 시골은
밤만 되면 반딧불이
여기 저기 쏘다니며
불야성을 이루었다.

칠흙 같은 어둠이 찾아들면
초롱초롱 별이 되어
허공을 선회하면서
아이들의 친구가 되어 놀아주고

삼삼오오 짝을 지어
윷놀이하며 좋아하고
벽장 속에서 낄낄대며
오순도순 이야기 나누다

이웃집에 놀러간 아버지
집에 오는 길 또-랑 건너다
혹시나 넘어질까 봐
호롱불 되어 불을 밝히네.

허수아비의 변신

날이 새면
황금 들녘에 서서
허수아비의 하루가 시작된다.

익살스런 모양으로
손짓 몸짓 다해 가며
'참새야! 같이 놀자'
온갖 재롱 다 부려도

참새는 싫다고 달아만 나니
약이 바짝 오른 허수아비
손에 든 깡통 딸랑딸랑 화풀이에
놀란 참새 날아가는 모습에
외로워하는 허수아비

요즘은 지구의 온난화로
참새가 사라져 버려서인지
허수아비의 정겨운 모습은 보이지 않고

지역축제에 동원되어
마치 죄인이 되는 듯
포승줄에 줄줄이 엮어 도열하면서
관광객 맞는
허탈해하는 허수아비

관광객의 유혹에도
축제의 볼거리에도 관심 없이
변신한 허수아비가
핏기 없는 얼굴로
우수에 젖어 있다.

양파

균형 잃은 몸매
행여 남이 볼까봐
속살 감추려
겹겹이 속옷 끼어 입었네.

무슨 비밀이
그리도 많은지
벗기면 벗길수록
궁금해 견딜 수 없네.

한 겹 벗겨 사연 들어
서러워 눈물 흘리고
또 한 겹 벗겨 사연 듣다
그리워 눈물 흘리네.

양파는
사람을 울리는 바보인가 봐
벗기면 벗길수록

갖가지 사연 토해내 눈물 보이고
끝내 숨겨진 비밀이 부끄러워
감춰 둔 얼굴 내미네.

흑산도 홍어삼합

내 고향 전라도는
쫀득쫀득하고 감칠맛 난
나의 매력에
잔치가 열리는 날이면
나의 이야기로 시끌벅적 한다.

간혹 나를 싫어하는 사람이 있긴 하지만
냄새만의 편견을 버리고
맛을 느낄 때 까지
나와 친해 보자 권해보네.

나의 진면모를 보이기 위해
항아리에
벼의 집과 홍어를 겹겹이 넣어
일주일 정도 숙성시킨 뒤

푹- 삭은 묵-은지 위에
잘 삭힌 홍어 한 점 올리고
삶은 돼지고기를 놓으면
환상의 궁합인 홍어삼합이라네.

여기다 탁주 한 사발 쭉 들이키고
홍어삼합 한 점하면
암모니아 냄새가 푹-풍겨
펑! 하고 콧구멍을 뚫고 나와
묵은 체증을 한방에 날려버리네.

고추잠자리

노을이 붉게 물든 하늘에
빨간 고추잠자리가
떼 지어 날아와
빨간 수를 놓으며
장관을 이룬다.

어디서 왔기에
저리도 빨갛게 치장하고 날아와
노을 진 서쪽 하늘에
붉은 색을 토해내
더욱 붉게 물들인다.

어디서 온 전령인지
무슨 말을 할 것처럼
자꾸만 내 주위를 맴돌며
다가왔다 사라지지만
끝내 말도 없이
애만 태우며 비행만하네.

은구슬

장독대 옆
하늘 향해 웃고 있는
토란잎 위에
송알송알 은구슬이 내린다.

먼 곳에서 와 피곤한지
잠시 토란잎을 침대삼아 잠을 자다가
잠버릇 고약한 은구슬이
떼-구르르 뒹구는 바람에
토란잎이 간지럽다고
흔들어 떨어뜨리고

얌전하게 잠든 은구슬은
토란잎이 털어내기 전에
미리 알고 흔적을 감추어 버린다.

그리움

잊으려도 잊히지 않는
가슴 설렌 그리움

누구라도 만나
터놓고 아픈 사연 말할 수 있을 텐데

마음속에 움트는 그리운 싹을
안으로 안으로만 삭이다가

석류알처럼
많은 그리움에 잠 못 이룬다.

웃음꽃

당신이 웃을 수 있다면
당신은 정말 행복합니다.

당신의 웃음은
최고의 화장법이며
당신의 웃음에 밤에도 해가 비칩니다.

당신의 웃음은
어떤 고난에도
감사할 수 있는 최고의 에너지입니다.

인간에게는
열등감보다 자신감이
단점보다 장점이 더 많아

우리가 행복하기 위해
자신감과 장점을 찾아
웃음꽃이 삼천리 방방곡곡에 울려 퍼지게
큰 소리로 하! 하! 웃어 봅시다.

아내의 연포탕

물속에 넣어둔 낙지가
왜? 필사적으로
물 밖으로 나오려 하는지
아는 사람은 많지 않다.

펄펄 끓는 육수에
낙지를 넣으면
왜? 그리 괴로워하고 몸부림치는지
아는 사람은 많지 않다.

낙지의 몸부림 속에
아내의 손맛과 정이 어우러진
구수한 연포탕 맛을
영원히 잊을 수 없다.

새우

왕방울만한 눈에
창과 칼로 단단히 몸치장하고

자퇴를 뽐내며
바다 속 누비더니

우리네 세상보다
살기가 더 힘든지

얼마 살지도 않았는데
벌써
등이 굽은 채
우리 곁에 돌아왔네.

해수욕장 이야기

모래사장을 파라솔로 뒤덮고
바닷물에는 패션쇼가 열려
사람들을 유혹한다.

백사장에서 높고 튼튼하게 성을 쌓느라
시간 가는 줄 모르다
밀물이 들어와 성을 삼켜버렸다.

바위위에서 놀다 고동을 잡아왔는데
집에 가기 전에 죽는다기에
불쌍해서 그냥 놓아주었다.

모래를 뒤덮고 모래찜질을 하는데
아이가 뛰어올라와
깜짝 놀라 모래찜질을 망쳤다.

수영하다 물속에서 파래라 건져오니
먹을 수 없는 것이라기에
버리라 하여 버렸다.

물놀이와 일광욕에 해지는 줄 모르고
어둠이 밀려오자
썰물처럼 사람이 빠져 나갔다.

꼬막

울퉁불퉁
길 따라 패인 굴곡에
속살을 감춘 꼬막

밀물과 썰물의 교차로에 서서
먹이를 쟁탈하는 사투의 현장
생존의 투지요 삶의 흔적이라네.

삶의 고달픔이 새겨진 껍질 안에
세월을 달게 만든
생명의 신비

꼬막의 속살을 먹으면
삶의 시나리오를 읽듯
꼬막이나 인간이나 다를 바 없네.

이해와 배려

아내가
새우를 손질하다 말고
“새우는 왜?
필요하지도 않는데
긴 수염이 많은지” 투정이다.

새우에겐
긴 수염은 먹일 찾는 더듬이요
적을 막는 방패인 것을
아내는 알 리가 없기에
불평만 한다.

우리도 살다보면
나와 남의 편리한 입장차로
서로 간 거리감을 느끼지만
이것도 살아가는 한 방법이라 생각하고
이해와 배려로 싹을 키우고 싶다.

남해의 섬

수평선에 흩어 뿌린
올망졸망한 섬 얼굴이
너무도 아름다워
파도는 섬 주위를 맴돌고

하루는 잔잔하게
다음날은 드높게
변덕스러움 보이며 요동치다가
기암괴석을 두드리고 간지러워
갯돌 해수욕장 만들어 놓고
자애로운 눈빛으로 미소 짓는 섬

점점이 끊길 듯
이어지는 섬들이
제각각 자태를 뽐내며
그리움으로 서있다.

섬 하나에 파란 꿈이
섬 하나에 아름다운 추억이

섬 하나에 수많은 사랑이
섬 하나에 밀어가 있어
환상의 섬을 찾는 관광객을 맞아
갈매기는 반갑다고 갈! 갈!

파도는 너무나 작고 어린 철부지 생각을
철썩 철썩 휑하니 꾸짖고
물거품만 남기고 사라질 때면
조심스레 다가와 다정히 감싼다.

제 2 부

바다와 꽃

아침바다

바다가 호흡을 길게 하여
동녘 하늘이 붉게 물들면
우리들 가슴속에 불을 질러
아침이 열린다.

어부들은
태고 적 전설을 낚기 위해
바다를 가르고
비릿한 갯-내음의 생각들을
바닷물에 씻는다.

수정한 마음의 여울목에서
만선의 깃발을 올리도록
햇살 따라 출렁이는
금빛 찬란한 아침을 맞는다.

바다의 교훈

사람들이 화를 내거나 슬퍼할 때
바다는 비바람이 몰아치거나
태풍이 불어와도
하얀 이 드러내며 웃음 짓고

사람들이 물질에 탐욕이 생겨
아웅 다웅 다투고 있을 때
바다는 속 좁은 사람들 비아냥하듯
묵묵히 자리를 지키고 있다.

사람들의 삶이 고달파
외로움으로 방황할 때
바다는 밀물과 썰물로 정화하고
새롭게 단장한다.

사람들은 언젠가 떠날 테니
허황된 욕심으로 괴로워 말고
바다처럼 비우고 살란다.

해 떨어진다

수평선에
해 떨어지는 소리 울려 퍼진다.

수평선에
해 떨어지는 소리 듣고
떨어지지 않겠다고
안돼!
안돼! 하며
기다리라고 소리친다.

수평선에
어둠과 적막이 다가 온다.
사라지고 싶지 않다고
고함!
고함!
머물고 싶다고 절규한다.

칠산 바다 낙조

농구공만한 붉은 불덩이가
세상을 밝게 하며 돌고 돌면서
구름을 태우고 물을 끓이며
칠산 바다로 숨어들면
저녁노을이 포구를 덮기 시작한다.

붉은 기운은 점점 넓어지고
불덩이는 더욱 선명해져
시시각각 색깔을 달리하며
황홀경을 연출하다
칠산 바다를 붉게 물들인다.

칠산 바다가 말없이 붉은 해를 삼켜버리면
끓던 물도 검푸르게 잔잔히 숨더니만
붉은 기둥은 서서히 사라지고
해만 천천히 고단한 하루를 이끌고
세상과 작별을 고하며 칠산바다에 잠긴다.

노을이 지면

저녁놀이 붉게 타면
색채 마술이 황홀경을 연출한다.
해변을 붉은색 계통으로 물들이고
삶의 애환을 뒤로 미룬 채
인간의 편견과 증오를 쓸어 담은
타오르는 불덩이가 서해로 침몰한다.

섬에 노을이 지고나면 구름 빛도 가라앉고
하늘은 하루를 접고 세상과 작별을 고하면
어둠이 서서히 밀려오면서
하늘엔 별들이 하나 둘 자리를 잡는다.

물안개

어둠이 걷힌 이른 아침
물안개의 움직임

신선이 지상에 왔다고
천상의 길이 열리었다.

세상의 추한 모습
하찮은 일로 아웅 다웅 다투는 소리
모두 다 묻어버리고
정화시켜 버린다.

물안개는 언제나
우리 곁에 머물 수가 없어
머무는 듯 하며 움직이고
피어나는 듯하며 소멸해 버린다.

소금

소금은
바다의 배신에
쫓겨나
하얀 결정체로 변신하여서도

바다가 그리워
짜게 남아 있으려고
상처와 아픔을 극복하며
기다리다 지쳐

그래도
하얀 결정체보다는
바다의 그리움에 견디다 못해
끝내
풍덩! 물속으로 뛰어들어
바다의 향수에 젖어든다.

소금이 맛을 느낄 때까지

바다가 토해낸 부산물이
사각 틀에 갇혀
인고의 세월을
햇빛을 받아 열병을 앓다가
시름시름 수분이 빠져나가
하얀 결정체로 변했다.

저리거나 구울 때는
시간이 필요하다고
큰 결정체를 넣어주고

음식을 조리할 때는
빨리 먹고 싶다 성화기에
분말처럼 작은 결정체를 넣어준다.

소금은
바다의 상처와 아픔이 눈물이 되어
큰 눈물 흘리고, 작은 눈물 흘려
미식가의 취향에 따라 맛을 낸다.

은갈치 조림

은빛으로 빛나는 제주산 은갈치
간장이며 파, 다진 마늘 등
갖은 양념을 뒤집어쓰며
온 몸에 칼질을 당한 채
말랑말랑해진 무를 베개 삼아 누워서

다시는
지난 시간에 집착하지 말고
주어진 순리에 순응하자며
몸뚱이를 내맡기고 체념하지만

그래도
바다 속이 그리워
바다로 다시 가고 싶어
은갈치가 멱 감으면서
눈시울을 적신다.

독도는 우리 땅

동해에 우뚝 솟은
신비스런 천혜의 섬
독도는 우리 땅이다.

신라시대 이사부가
동도와 서도에 발을 담그며
보금자리 틀면서
독도를 우리 땅이라 하였다.

그간
발이 시려도 시리다는 불평 한 마디 없이
그저 그 자리에 두 발을 담그며
평화롭게 살아왔는데

어느 날 갑자기
독도가 자기 땅이라고
말도 안 된 일본의 망언에
기암괴석으로 우뚝 솟은 독도가
두 눈 부라리며 호통을 치고
괭이 갈매기 날면서
귀 기울여 주시하고 있다.

상사화 사랑

예전엔
당신의 사랑을
알지 못했습니다.

함께 살면서도
꽃 한번 보지 못하고
잎으로만 살아야 하는 아픔을
미처 알지 못했습니다.

좋아하면서도
만나지 못해
상사병이 도진 줄
미처 알지 못했습니다.

꽃이 왜? 붉은지
꽃대는 왜? 높게 하여
고개를 내미는지
미처 알지 못했습니다.

살아생전 이루지 못한 사랑
죽어서라도 이루고 싶은
애틋한 사랑을
미처 알지 못했습니다.

이제는
당신의 사랑을
조금은 알 것 같습니다.

상사화 길

행여나 올까
기다림이 사랑이 된다면
언제나 이 자리에서
죽어서라도 기다리겠습니다.

기다리다 지친 고통이
상사병으로 도져
토해낸 각혈로
불갑사 산사의 계곡을
피로 물들여 놓았다.

함께 있으면 좋으련만
홀로 피어 외로울까봐
군락을 지어서
지나가는 나그네를 유혹하여
외로움을 달랜다.

불갑사가 불이 났다

불갑사에
불이 났습니다.

산사를 둘러싼 숲속
쑥쑥 꽃대를 밀고 나와
상사화 피어 만개하였네.

피고 지는 꽃망울
군락을 이루고
누굴 위해 저리도
곱게 단장을 하였는지

긴긴 세월 기다려 온
짙은 그리움에
빨갛게 애간장을 태우네.

코스모스

형형색색 다정스레
옹기종기 모여
서로서로 기대며
소근대다가

코스모스 꽃잎에
오수에 빠진 고추잠자리
솔바람 소리에 깜짝 놀라 달아나고

나 여기 있어요
나도 여기 있어요
살며시 고개 내밀며

손 흔들고 자태 뽐내다
까르르 하는 웃음소리와 함께
가을 속으로 풍덩 빠져버린다.

배꽃을 보며

하얀 배꽃을 보면
왠지 마음이 편하고
꿈을 꾸듯 행복에 젖곤 합니다.

하얀 배꽃이 핀 길을 걸으면
불평도 미움도 다 사라지고
욕심을 내려놓아 그런지
마음이 선해지곤 합니다.

훈훈한 봄바람에 떨려
맑고 고운 자태 드러내다
송이송이 하얀 이 드러내며
환하게 웃음 지으면

수줍음으로 가득 찬 소녀가
하얀 머플러를 휘날리며
나에게 다가올 것 같은 설렘에
그리움이 더해집니다.

민들레

아침이면 담 밑에서
둥근 솜 모자 눌러쓰고 환하게 웃고
해가 지붕을 넘어가면
장작더미 밑에 줄지어 꽃을 피운다.

봄이 되면 민들레는
뿌리 내릴 곳을 가리지 않고
삼천리 방방곡곡 지천에 널려 피어
척박하고 그늘진 곳을
노랗게 가리어 환하게 바꾼다.

민들레는 꽃이 지고 나도
맺어 있는 씨앗을 날려 보내려고
풍차와 같은 민들레꽃이 되었다.
내 마음 속에도
노란 풍차가 돌아간다.

패랭이꽃의 교훈

미물인
패랭이꽃도

살아갈 날 보다
살아 온 날들이 더 힘들었어도

싫다는
내색 한번 없이

오직 타인을 위해
자신을 소진한 교훈

받음보다 베풀고 배려하는
상생의 삶이라네.

제암산 진달래꽃

제암산 능선에
매선바람 가라앉고
회색나무가지 마다 물이 오르면

수줍은 새색시가
연지 찍고 분바르고
연분홍 치마저고리 입으며
군락을 이루면서
산 위에서 아래로 얼굴 내민다.

떠나는 임 그리워
우는지 울고 있는지
흐드러지게 핀 진달래꽃

진달래 꽃길을 걷는
핏기없는 상춘객 얼굴엔
어느새 분홍빛으로 상기되었네.
아마도 상춘객이
진달래꽃을 닮아가나 봐

연에게 배우다

역한 냄새 풍기는
더러운 진흙 속에 뿌리 내리고
별빛 같은 미소로
고운 자태를 드러낸 연

우리네 인생도
가난과 고통의 후미진 곳에서
아름다움을 찾고 향기를 발산하도록
연에게 배우고 싶다.

등나무 꽃 축제

수십 마리의 구렁이들이
또아리를 틀고 다니다
생명을 잉태하고서
햇빛이 넘나들지 못하게
성벽을 쌓았네.

꽃잔치라도 열려는 듯
보라색 꽃등이 주렁주렁 매달려
길 잃은 여인네들
어둠을 밝혀주려고

여긴 다정한 사람끼리 만나
사랑을 속삭일 편안한 안식처라고
정답게 이야기한다.

등나무 사연

온 몸으로 새끼 꼬아
비비고 감으며 휘감긴 채

하늘과 땅이 넘나들지 못하게
경계석 만들어 놓고

수줍은 색시처럼
보라색 꽃등이 주렁주렁 매달려 있다.

이곳이 당신과 정담을 나눌
휴식처 등나무라네.

동백꽃 피는 소리

겨울꽃인 데도
계절의 사이길 건너
고통의 잠에서 깨어나
빨간 꽃망울 퍼트리는 소리

사방이 진초록으로
치장된 가지 잎마다
붉은 꽃봉오리 속살내기 부끄러워
다섯 겹의 꽃잎으로 몸을 감싸고
온 몸을 불태운 빨간 동백꽃

여인들의 사랑으로
구워 익힌 빨간 동백꽃
모진 어려움도 흔들림 없이
의지의 동백으로 피어난
너의 모습이 대견스럽다.

늦동백이 가장 아름다울 때

꽃은 개화기에 아름답지만
늦동백은 꽃이 질 때
아름다움을 만끽할 수 있다.

진초록 잎새 사이로
송알송알 금은보석 달고
폭설 속에 더욱 붉어졌다
뚝! 하고 땅에 떨어져 목이 꺾여도
오랫동안 시들지 않고
석양의 노을과 어우러져
땅바닥을 붉게 물들일 때 가장 아름답다.

늦은 봄
사랑하는 사람과
노을 진 산사의 동백꽃 길을 꼭 걷고 싶다.

섬진강 벚꽃

섬진강 길 양쪽으로
길게 늘어선 벚꽃 길

향기 머금은 하얀 꽃잎들이
흐르르 날아 내린 꽃이 피어 쏟아지면
손 꼭 잡고 입장하는 신랑신부 결혼식장
벌은 윙- 윙- 팡파르 울리고
벌 나비는 너울너울 춤추며
결혼식 올리네.

외로운 상춘객은
꽃향기에 취해
와! 벚꽃이 피었다.
하얀 꽃눈이 내린다고 탄성을 지른다.

기다리던 벚꽃이 활짝 피고
꽃잎이 날려
이제 그 꽃이 자신의 자리를 비운다.
아름다운 비움
하늘이 더욱 밝아진다.

산수유 꽃

봄의 전령 산수유 꽃 번지는 길목에
아직도 자고 있을 산수유나무에
어서 일어나 꽃망울 터트리란다.

이른 봄 잔설 속
한파를 견뎌낸 회색가지 줄기에
성미 급한 누군가가
노란 물감을 엷게 풀어 붓에 묻혀서
산동마을에 쓱싹 칠하니
좁쌀처럼 작은 꽃을 펑펑 퍼트리면

수줍어 수줍은 꽃잎 내밀며
수탉 같은 봄바람 얄미운 장난에
자꾸만 자꾸만 고개 떨군 너의 모습
나에게도 봄이 성큼 다가왔나 보다.

유채꽃

남도의 젖줄 영산강변에
노란 유채꽃이 군락을 이루며
꽃잔치 열렸네.

겨우내 비워 두었던
텅 빈 가슴에
노랗게 물든 꽃망울
펑펑 퍼트리며
소곤소곤 다정스레 이야기 나눈다.

어디서 왔는지
벌 나비 날아와
넓은 유채꽃밭에서
숨바꼭질 하는 모습이 귀엽다.

동백꽃

매서운 한파를 이기고
기다리던 가슴 아픈 세월

누구라도 모를 깊은 시름
봄비로 씻어 내고
애태워 다문 입술로
아픈 세월 되새기며

가슴속에 퍼진 상처
붉게 타오르며 꽃피우더니
향기를 내뿜고
뜨겁게 살라지는 혼 불 되었네.

꽃이 핀 그 자리
제 풀에 못 이겨 떨어지는 꽃인 것을
사랑으로 타오르는 가슴
몸도 마음도 함께 떨어진다.

제 3 부

교훈

자운영 꽃밭 추억

들녘을 물들인 자운영꽃밭에
소꿉친구와 놀던
꿈 많은 어린 시절

자운영꽃밭을 뒹굴며 놀다
영이의 손에 손목시계 만들어 채워주며
즐기던 시간 놀이

정희의 목에
꽃목걸이 만들어 걸어주면
환히 웃고 행복해하던 가슴 벅찬 기억

영자의 손가락에
꽃반지 만들어 끼워주며
영원히 변치말자 굳게 약속한 추억

자운영꽃밭 옆
냇가에 맨발로 들어가 다슬기 잡고
풍덩풍덩 물장구치던 어린 시절

이젠
그때 그 친구들과 함께할 수 없어
아름다운 추억으로 남아
그리움이 연민이 되어 파고든다.

장미화원을 다녀와서

조선대 장미화원에
꽃 잔치 열렸네.

분바르고 연지 찍고
곱게 곱게 몸단장하고

집집마다
형형색색 등불 밝히며

유유상종
사랑을 불태운다.

이따금 찾아 준 구경꾼에게
모델이 되어줘 까르르 웃으면

장미 웃음에 감동하고
장미향에 취해 버린다.

장미와 가시

장미는 아름다움에 취하고
향에 취한다.

각혈하듯 토해낸
감추어둔 빨간 미소
한 송이로는 부족해 덩어리 되어
화산이 폭발할 듯 정열이 넘친다.

장미가 곱다고 유혹하기에
살며시 다가가 꺾으려하니
'아직 안돼요'하는 가시의 말에
잠시 사랑을 유보하고 말았다.

그래도
포기하지 않고 장미를 꺾어
사랑을 얻으려고 노력한다.

넝쿨장미

운동장 담벼락에
불이 났다.

불타는 가슴앓이
누구엔가 알리고 싶어

휘어진 가지마다
주렁주렁 붉은 등 밝히며

붉게 탄 사랑을
누군가에게 꺾이고 싶어 하면서도

속내를 드러내 보이지 않고
사랑을 구원하고 있네.

민들레

언덕 위 하늘 향해
홀로 핀 민들레

밟아도 밟아도 죽지 않고
비스듬히 누워
생명의 의지로 버티는
우직함이 눈물겹다.

우리도 살아가는 동안
실패의 고통을
상처의 아픔을
생명의 의지로 살고 싶다.

씀바귀 꽃

산사의 담장은
관광객의 마음이 쌓이고
수행자의 기도가 어우러져
숱한 이야기와 사연이 듬뿍 배었다.

이끼 긴 담장 위에 뿌리 내리고
홀로 노란 향기 내밀며
외로이 씀바귀 꽃 피어 있다.

보고 싶어 애타는 마음인지
길게 목 내밀고
지나온 추억을 잊지 못해
그리운 향이
온 몸을 휘감아 버리다.

목련꽃

하얀 꽃 피우려고
꽃봉오리 맺히기 위해
인고의 세월을
그리도 아팠나 봅니다.

순결하며 고운 자태
다발로 묶여
하얀 이 드러내며 환하게 웃고
은은한 목련 향 풍기네.

달빛으로 물든 하얀 꽃잎 내리면
설렘과 떨림으로
시름시름 앓고 있는 목련

그리움이 배어서인지
보고 싶은 추억이 그리워서인지
바람에 휘날리며
병이 도졌다.

벚꽃의 생애

벚꽃은 불타오르듯 화려하게 피어
꽃에 가려 하늘을 감추고
사람에 가려 땅을 감추었다.

벚꽃은 10여 일도 안된 짧은 삶을
불같은 열정으로 살다
화려한 군무를 펼치며
흙으로 돌아가 생을 마무리한다.

벚꽃은 가지에서 피어 하늘을 수놓고
땅으로 내려서는 거리를 수놓다
우리 곁을 떠나는
화려한 군무의 모습에
애상이 젖어 눈물 흘린다.

매화꽃

당신은 꽃망울을 터트려
꽃으로 변신하는데도 매우 더딥니다.

당신은 작고 조촐하며 차고 맑기에
은은하고 청아한 꽃이랍니다.

당신은 한낮에 밝게 피지만
달밤엔 은은한 게 더 아름답습니다.
당신은 있는 듯 보이지 않고
밤이 깊어 적막해지면

당신은 화사한 불빛에 호롱 볼되어
그리운 임 오실까봐 마중 나옵니다.

매화나무 상처

겨울을 지내다
굵은 가지가 군데군데 잘려 나간 채
상처투성이가 된 매화나무에
꽃봉오리 맺히는가 하더니
밤새고 나니 꽃망울 터트리네.

오는 봄을 시샘이라도 하듯
수줍은 열일곱 시골소녀처럼
마냥 부끄러운 듯
다소곳하게 나뭇가지에 앉아
때 이른 상춘객에게
하얀 이 드러내 보이며 인사하네.

상처투성인 매화나무에 꽃이 피듯
상처 없이 어찌 봄이 오고
상처 없이 어찌 깊은 사랑이 움트겠는가?

그래서 상처는
살아있는 동식물의 생존의 본능이요
희망이란다.

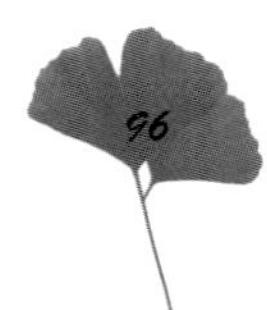

금잔디

위로만 보지 말고
내려다 보려고
낮게 낮게 피었나 봅니다.

허황된 꿈보다
욕심 없이 소박하게 살라고
낮게 낮게 피었나 봅니다.

항시 겸손하고
타인을 배려하며 살라고
낮게 낮게 피었나 봅니다.

소나무

소나무는 긴 겨울을 지내려다
긴장해서 그런지
활엽수가 잎을 버린 뒤에도
오직 초록으로만 남으려 하네.

청정하게 사는 날들이 많아
사시사철 푸르-름을 지키기 위해
엄하고 고독하며 독하게 살려고
외롭고 힘들어 눈물 흘리면서도

단 한 마디 불평도 없이
스스로를 감내하고
자연의 순리에 묵묵히 순응하면서

항상 푸른 마음으로
우리 곁에 다가와
곧은 절개를 지키라 소곤거린다.

공생하는 삶

벌과 꽃은
공생하며 살아가고 있다.

벌은 꽃에게 꿀을 주지만
상처를 남기지 않고
열매를 맺도록 도와준다.

꽃은 자신이 가진 꿀을
벌에게 나누어 주지만
자신도 열매를 맺는다.

우리 인간도
배려와 이해의 상생의 우물을 파
나누어 주는 삶을 살고 싶다.

관계

금이 금빛을 내기 위해서는
소금물에 담금질해야 하고
옥이 고운 빛을 내기 위해서는
돌로 잘 갈아야 한다.

소금물이나 돌은
주변에서 쉽게 구할 수 있으나
금과 옥 같은 보석은
자신만으로 값진 보석을 만들 수 없다.

사람은 누구나
마음속에 원석을 품고 산다.
어떤 이는 하찮은 돌로 여기고
어떤 이는 곱게 갈아 보석으로 만든다.

사람들은
주변사람들과 어떤 관계를 맺느냐에 따라
돌로 남기도 하고 옥으로도 남게 된다.

상처

쑥이 칼에 베이는 순간
앗! 하고 비명을 지르며
얼굴 찡그리지만

쑥은 들판을 물들인 초록의 상처가
내 뿜는 향기에 취해
자신의 아픔도 잊는 것 같다.

잘린 쑥에서 향기가 난다.
알고 보니 그 향기는
쑥의 눈물이요 아픔의 절규이고 상처이다.

모든 상처는 고통과 아픔이 따르는데
쑥과 같은 아름다운 상처에
함께 동참하고 싶다.

지렁이

지렁이는 땅속에서
쓰레기라 부르는 온갖 것을 먹고
소화시켜 배설물을 남긴다.

지렁이는 발도, 눈도, 코도 없으면서
오로지 피부의 감각만으로
대지와 소통을 하면서

묵묵히 땅을 헤집고 다니며
자신의 삶을 영위하고
생명체의 삶에 기여한다.

라이벌

라이벌은
무한경쟁의 틀 속에서
서로 겨루는 맞적수를 말한다.

라이벌은
때로 불필요하고 소모적인 경쟁으로
바람직하지 못한 면도 있지만
선의의 라이벌은 양쪽 모두에 좋아
성장과 발전의 활력소요 촉매란다.

그러기에
열정과 활력을 유발할 수 있는 대상을 찾아
선의의 경쟁을 통해 성장해야
삶의 질이 향상하고 행복할 것이다.

잉태와 죽음

사람은 잉태하는 순간
세상이 두려워 두 눈 부릅뜨고
그것도 부족해 손 불끈 쥐지만

아이는 산모의 진통을
아는지 모르는지
앙! 하고 울음을 터트린다.

사람은 생을 마감하면서
빈손으로 가려는 듯
두 손 펴 모두 다 버리고
삶의 애환을 그리워하고 환히 웃으며
살포시 눈까풀을 덮는다.

하처레 하처거

인생은 '하처레 하처거'라
과연 어디서 와서
어디로 가는 걸까?

빈손으로 왔다 빈손으로 떠나는데
왜? 그리 움켜지고
모으려고만 욕심을 부리는지
비우고 채우며 베풀고 공생하는 것이
인생살이가 아닌가?

인생이란
태어 날 때 기뻐하고
떠날 때 슬퍼 우니
부질없는 인간세상
잠시 쉬었다 머물러가는 정류소와 같다.

꼭대기의 명암

세상이 개방 돼
한 방면에 줄기차게 노력하면
명예와 부를 동시에 거머쥐고
자신의 끼를 마음껏 펼칠 수 있는
꼭대기에 오를 수 있다.

뼈를 깎는 고통과 아픔의 절규를 이겨
꼭대기에 오르면
타인의 시선에 스트레스 받고
자리를 지키기 위한 인고의 아픔을 알지 못해도
타인으로부터 부러움만 받는다.

한 분야의 꼭대기에는
명예와 부를 성취한 영예로움과
어둡고 고통스러운 양면성이 있어
희비의 명암이 엇갈리고 있다.

세상에 이럴 수가

아직도 풀리지 않은 의문
세상에 이럴 수 가 있을까?

바다를 지키는 천안함을
침몰 시킨 의도된 도발

나라와 국민을 위해
전사한 사십 팔 인의 영령

북한을 응징하고 제재하라
지구촌이 들썩 들썩

가족의 절규 국민의 분노
어찌 감당하려는가

우리가 똘똘 뭉쳐 응징하려니
망자의 혼백이여 편히 쉬소-서

새해의 아침

시작을 잘해야 희망의 문이 열리고
사랑의 문이 열려
빛나는 삶이 영위된다.

사노라면 부딪히던
세월의 흔적과 묵은 찌꺼기를
허공에다 다 털어버리고
새날 새뜻 펴며
밝아오는 새해를 맞자.

웃을 일이 있어 웃는 것이 아니라
웃을 일이 있기 전
힘들어도 웃으려고 해야
웃을 일이 생긴다네.

새해 새아침 햇살처럼
환한 웃음으로 새해를 열어
언제나 웃으며 살자고 기도하네.

살다보면

살다보면
하는 일마다 잘 풀리지 않고
실패가 다람쥐 쳇바퀴 돌 듯
주위를 맴돌아 방황했던 날도 있었습니다.

하늘이 내린
시련이라 체념하면서도
마음 아파 괴로워하며
술을 벗 삼아 슬퍼 울기도 하였습니다.

그런데도 다시 웃고 일어설 수 있는 건
상처를 달래줄 가족이 있고
반드시 일어설 수 있는 희망이 남아 있어
상처투성인 삶도 이겨낼 수 있었습니다.

시련의 극복

하는 일이 잘된다고 말하기는 쉽지만
실천하기는 어렵습니다.

하는 일이 안된다고 너무 나무라지 마십시오.
다들 힘들어하며 살아가고 있습니다.

살다보면
누구나 시련을 맞습니다.

편하고 쉬운 일보다 위기를 극복하느라
힘들어도 인내로 시련을 극복하고 있습니다.

힘든 일 하다보면 괴로움이 오고
괴로움을 벗어나면 외로움이 오며
외로움이 쌓이면 고통스런 상실감이 달려옵니다.

힘든 일 하는 동안 우리가 할 일은
서로를 안아주고 격려하며
외로움이라도 조금 덜어주는 것이다.

실직은 도전이라네

사노라면 매사가 뜻대로 되지 않아
실직하는 수도 더러 있다네.

실직으로 인해 마음이 답답하고
자신의 부족함을 탓할 수도 있지만

되도록 방황은 짧게 하고
어려움을 툭툭 털며
자신의 눈높이를 맞추게

실직은 좌절하지 않고
다시 도전할 수 있는
값진 경험임을 잊지 말게나.

제 4 부

사랑의 노래

바보스런 삶

사람들은
타인이 인정해 주기를 바라며
불안해 하고 살면서
삶을 소진한다.

사람들은 누구든
한 꺼풀 벗기고 보면
어두운 부분을 갖고 있기에
어리석음을 껴안고 사는 바보인가 봅니다.

그래서
똑똑하게 사는 것 보다
때론 바보처럼 사는 게 더 좋을 수도 있습니다.

잘난 체하고 완벽한 체한 가면을 벗고
있는 그대로 받아들이며
자유로운 삶을 살고 싶을 때도 있습니다.

때로는 부족하여도
어리석음으로 받아들이고
생긴 대로 모자라는 대로
형편대로 살아보고자 합니다.

생명의 외침

긴긴 한파의
혹독한 냉기 속에도
그냥 그 자리를 지키고 있는 해묵은 벚나무

심한 눈보라와 강풍으로
가지가 떨어져 나가도
아프다는 비명 한마디 없이
좌절하거나 삶을 포기하지 않고
더욱 거칠게 허리를 펴고 일어서려 하네.

아름다운 만남을 위해
혹독한 시련을 견디다 보면
싹을 틔워 꽃을 피게 하려고
한 순간도 포기하지 아니하고
꿈을 꾸며 살아 움직이네.

사랑하는 것

사람들은 아프고 괴로워도
상처를 받아도
사랑을 찾습니다.

누구에게 상처 받아
가슴 아파 하면서도
그래도 애타게 기다리기에

긴 목을 내밀며 그리워하다
눈물이 범벅 되어
사랑을 세월 속에 묻어두려 한다.

사람들은 사랑을 통해
믿음과 배려 그리고 추억이 자라기에
사랑하는 것은
사랑하지 않은 것보다 낫다고 한다.

소중한 인연

만나고 헤어지는 게
우리의 삶이 아닌가?

어떻게 만났는지
누구를 통해 알게 되었는지
중요하지 않습니다.

아름다운 인연의 연속선에서
당신과 나와의 만남을
소중한 인연으로 이어가고 싶습니다.

내 안에 피고 지는 그리움들
마주 잡은 손으로
서로의 체온을 느낄 수 있는 것 만으로
우리의 인연은 충분합니다.

좋은 파트너

세상을 살다보면
마음이 맞는 사람도 만나지만
맞지 않은 사람도 만난다.

청춘남녀의 잘못 만남은 결별의 아픔을
부부간에 맞지 않은 만남은 이혼의 아픔을
직장에서 잘못 만남은 실직의 아픔을 준다.

사회생활은 호흡이 맞는 사람보다
맞지 않은 사람이 더 많으니
쉽게 포기하지 말고 성실한 자세로
친밀감을 쌓으며 좋은 파트너로 살자.

분노

분노는 표현방법에 차이가 있지만
결국 폭발하는 것이다.

분노는 물건을 부수거나 깨버리거나
사랑하는 사람에게 상처를 주어
주워 담을 수 없는 피해를 준다.

한번 폭발하는 분노는
나중에 후회하고 수습하려해도
떠나는 열차를 멈출 수 없듯
후회할 때는 이미 늦다.

분노하기 전에
현재 상황에서 자신을 격리시키고
자신을 내려놓고 침착하게 생각하며
자기중심주의를 버리면 된다.

기부문화

기부문화는
가진 자의 점유물이 아니다.

많이 가진 자가 몇 개 나누어 주며
떠들썩하는 것보다
비록 적게 가지고 있어도 내색하지 않고
묵묵히 남을 배려하며
정이 듬뿍 담긴 나눔이라 생각한다.

형편이 어렵고 가진 것이 적어도
그것을 이웃과 나눌 줄 아는 자만이
진정한 기부요, 부자라 생각한다.

간혹 모든 재산을 사회에 기부하고
떠나는 뒷모습을 볼 때
아름다움을 넘어 짜릿한 감동을 준다.

유리가 깨지는 의미

'쨍그렁'
'와르르'

사람들은 유리가 깨어지는 것보다
사람이 다쳐서는 안 된다는 의미를 망각한 채
'누가 유리창을 깨었나?' 하고 수다를 떤다.

인간은 유리처럼 투명하게 살면서
신뢰에 금이 가면 깨져버리니
인간을 유리 같은 존재라 한다.

고진감래(苦盡甘來)

괴로움이 다하면
즐거움이 오는 것

힘들고 어려운 가운데 일군 것은
값진 재산이란다.

쉽게 얻은 것은
쉽게 잃을 수 있다는 진리로

고진감래(苦盡甘來)로 얻은 소박한 성취에
작은 만족을 느끼며 산다.

이승길

인간과 돈이
사악한 사투를 벌인다.

돈은 죽은 자도 살린다지만
사악하고 추악해
없는 것 보다 못해 자멸하기도 한다.

망자의 옷은 호주머니가 없다.

이승으로 떠날 때 가지고 갈 것도 없고
있어도 가지고 가지 못해 어차피 놓아두고 갈 것
왜? 그리 아등바등 쥐고만 있는가?

인간은 돈의 노예가 아니라 주인이다.
가뭄에 불타는 대지에 단 비를 내리고
어둠을 밝히는 희망의 등불이 되어라.

감정

살다보면
사소한 것 하나로
틀어진 게 대반사다.

간에 붙었다.
쓸개에 붙었다.
변신한 여인네 감정인가

미묘하고 섬세한
예민한 감정을
추슬러 주고 싶다.

검증이 안 된 사람

검증이 안 된 사람
검증이 불가능 한 사람

계속해서
좋은 관계를 유지하며
지켜봐야 아는 검증 결과에

그냥 눈 감아 주지
살벌하게 검증은 뭘

그냥 심증으로 살지
더러 속으면서 살지

커피 한 잔

커피 한 잔으로
아침을 설계한다.

어제 묻은 때와 얼룩을
델(delete)키로 지워버리고
새 날의 페이지를 열어간다.

나에게 커피는
삶의 윤활유요
마음을 풀어가는 명약이다.

나에게 커피는
마시는 것이 아니라

어쩌면 추억의 애환을
마시는 것 같다.

예전의 사랑방식

요즘 청춘남녀는
쉽게 사랑을 말하고 고백하며
쉽게 미워하다 헤어진다.

만나지 하루 만에 사랑한다 말하고
사랑한다고 한 지 몇 달이면 결혼한다.
그러고도 얼마 지나지 않아
원수라도 되는 냥 등을 돌리고 만다.

'사랑해' 라는 말은
입에 달고 사는 지금과는 달리
옛 분들의 절제된 표현방식에
더 깊은 사랑방식을 생각하게 한다.

말로 하지 않아도 알 수 있고
물질이 아니라도 상대가 알 수 있는
예전의 사랑방식을 배우고 싶다.

시간관리

요즘은
'바쁘다'는 말을 입에 달고 산다.

결국
시간이 있다 없다는
시간을 요리하는 방법의 차이가 아닐까?

이런저런 핑계로 처리해야 할 일을
차일피일 미루거나 게을리하면
처리해야 할 일이 사채이자처럼 불어난다.

매일매일 쉬운 일만 처리하지 말고
중요한 일이나 깊이 생각해야 할 일을
뒤로 미루지 않고 처리하는 기술이 필요하다.

'시간은 금이다'
일을 처리하다 생긴 자-투리 시간을
의미 있게 사용하는 삶의 지혜가 필요하다.

일과 여가의 조화

대부분의 사람들은
미래를 준비하느라
현재를 바쁘게 사는 것 같다.

미래를 준비하다 보면
현재의 삶이
행복하지 않다고 투정이다.

현재가 미래를 윤택하게 만든다는 사실을 망각하고
앞만 보고 달리는 것은
미래에만 마음을 빼앗기는 시간의 노예이다.

항시
자신의 주변을 돌아보면서
현재에서 즐거움을 찾도록 해야 한다.

진정한 행복이란
일과 놀이 그리고 생활을 즐기는
조화가 이루어져야 한다.

지리산의 봄

지리산 봄은
흐르는 계곡물과 바람소리가 어우러져
새싹을 밀어 올리며 시작된다.

지리산 봄은 꽃과 함께 오는 것 같다.
산수유가 피었다 지면 매화꽃이 피고
매화꽃이 떨어지면 벚꽃과 복사꽃으로 뒤덮인다.

지리산은 봄이 짧아서 더욱 아름다운 것 같다.
회색빛 산야가 연두 빛으로 물드는 것도 잠시
며칠 새 잎이 나고 꽃을 피우는 봄은 바쁘기만 하다.

지리산 봄은 가슴 설레게 하고
보고픔과 그리움이 더해져
늘 어머니 품속처럼 포근히 감싸준다.

무등산 사계절

철따라 변화를 준 장엄한 무등산
광주의 얼이 숨 쉬고 은은한 사랑이 출렁인다.

무등산 봄은 초록사연이 밀물로 다가와
얼룩진 산야에 철쭉으로 채색하고
산새는 숲을 누비며 노래하고 춤춘다.

무등산 여름은
뚝! 뚝! 떨어질 듯 초록 물 넘실거린
초록의 검푸른 산에 생명이 약동하는 소리 노래 부른다.

무등산 가을은
산위에서 아래로 온 산이 타오르듯
오색단풍이 들어 취하게 하고
억새들의 흐느낌이 은빛물결로 출렁인다.

무등산 겨울은 무등의 빈들에
솜틀 같은 함박눈이 내린 설경은
세상의 모든 걸 눈 속에 묻어둔 은박의 신기루 같다.

무등산 서석대

무등산 자락
원색 물결 산행 길을 걷다보면
저절로 탄성이 나온다.

야호! 야호!
자연의 웅장함을 품은 서석대에 오르면
돌을 깎아 세운 듯
병사처럼 닮은 기암괴석이 진을 치고
동에서 서로 길게 늘어선 병풍바위

절묘한 암석과 펑 뚫린 동굴
벼랑 위 잡초가 어우러진 서석대에
노을이 들면 수정처럼 빛난다고
일명 수정병풍이란다.

천혜의 비경 서석대 병풍바위에
광주시민의 혼과 애환이 깃들고
광주의 희망과 비전이 보인다.

함평나비 축제

함평천 주변공원에
종을 헤아릴 수 없는
형형색색의 수만 마리의 나비가
너울너울 하늘을 날며 장관을 이룬다.

배추흰나비는 배추를 먹고
호랑나비는 탱자를 먹고 나비가 되어
이삼일을 살다 짧은 생을 마감하는데도

무슨 할 일이 그리도 많은지
가는 시간이 아쉬워
잠시도 쉬지 않고 창공을 넘나들며 날아다닌다.

가끔 꽃잎에 앉아 간질이고
장난 걸고 대화 나누다
날갯짓하는 화려한 군무에
넋이 나간 관광객 탄성을 자아낸다.

백설이 쏟아지면

솜털 같은 백설이
멋들어지게 공중묘기를 연출하며
시원스레 쏟아져 내린다.

솜털 같은 신기루가 환상처럼 날려
땅과 길이 지워지고
하늘과 산의 경계도 사라진 눈 쌓인 설경은
마치 한 폭의 동양화를 보는듯하다.

역적 같은 해님이 훼방 놓기 전에
추한모습 보지 말라 가려버리고
악취는 삼켜버리며
올망졸망 늘어선 가옥들을
깔끔하게 야금야금 도배를 한다.

이 세상 모두가 하얀 맘 되어갈 때
나도 누군가에게 하얀 마음을 선물해주고 싶다.

가을의 문턱

당신이 덥다고 짜증을 낼 때
나는 말했습니다.
'곧 가을이 오니 조금만 참으라고'
당신은 내 말에도 더욱 구슬땀을 흘렸습니다.

당신이 찜통더위에 구슬땀을 흘릴 때
내가 아이스크림 하나 사주었습니다.
'매우 덥지. 아이스크림 먹어봐 시원할 거야'
당신의 얼굴에 웃음꽃이 피고 생기가 돌아왔습니다.

봄이 오는 길목

단번에 와도 좋으련만
이만큼 왔나 싶으면
저만큼 맴돌아 봄이 오려나 보다.

봄이 오는 길목은
시샘한 봄바람과 봄비로
대지 위에 생기가 돌면
연초록 아가씨가 잉태된다.

봄이 오는 개울가에
개나리가 눈 비비며 노란 꽃망울 내보이고
화들짝 놀란 산수유와 매화가 꽃망울 터트려
은은한 봄 향기 퍼져 나간다.

봄이 오는 길목은
잠에서 깨어난 새싹처럼
하려고 하는 의지가 있는 사람에게
희망의 언덕으로 성큼 다가온다.

봄나물

봄이 되면 어릴 적 어머니가 해주신
봄나물을 먹고픈 생각이 그리워진다.

내가 어릴 적 어머니께서는
냉이와 달래, 쑥 등을 채취해와
재래식 된장과 갖은 양념을 듬뿍 넣어
손으로 쪼물쪼물 무친 봄나물 맛
알싸하고 향이 강한 맛의 기억을
세월이 흘러도 잊을 수 없다.

어릴 적 봄나물은
삶의 내공에 쌓인 우여곡절 끝에
언 땅을 뚫고 새순을 틔운 풍미와
어머니의 손맛이 함께 어우러져
달아난 입맛도 돌아오게 한다.

겨울연가

눈이 내린 겨울바람은
뜨거운 정열을 꽁꽁 얼어붙게 하였습니다.

눈이 내린 겨울은
아름다운 인정을 가슴에 품고 있어
추위를 느끼지 않았습니다.

눈이 내린 겨울은
겨울 꽃 하나가 난로가 되어
온 세상을 따뜻하게 합니다.

눈이 내린 겨울은
따뜻한 정이 가득 담겨 춥지 않았습니다.

눈이 내린 겨울에 아랫목을 찾는 건
꽁꽁 언 몸을 녹여주어 따뜻하게 하기 위함입니다.

눈이 내린 겨울은
모든 걸 하얀 눈 속에 묻으며
가슴 설렌 마음이 모닥불처럼 따뜻합니다.

청-보리 사상

시샘한 봄바람이
포근한 햇살을 끌어 당겨
쑥- 쑥- 고개 내민 녹색바다

청-보리 밭 사이 길에서
만나는 사람마다 서로서로 반기며
환한 웃음꽃 피우고 정다운 이야기 나눈다.

이따금 청-보리 녹색바다에
해풍의 봄바람이 빗질을 해도
넘어지면 오뚝이처럼 일어선
청-보리 사상을 배우고 싶다.

지렁이와 아이

어머니가 아이를 대리고
텃밭에서 호미로 흙을 파 엎자
길고 갈색인 지렁이가
온 몸을 비틀며 몸부림친다.

지렁이는 따뜻한 해-빛이 싫은지
환한 세상이 싫은지
무슨 잘못을 하였기에
자꾸만 땅속으로 몸을 감추려고 한다.

이것을 본 아이가
징그럽다고 얼굴 찡그리지만
어머니는 땅에 씨앗을 뿌려 흙을 덮으면
흙은 지렁이의 몸을 통과해 부드러워져
농사가 잘된다는 말에

갑자기 아이는
어머니! 오늘부터 지렁이 많이 잡아와
우리 밭에 살게 해 부자 되자고 졸라댄다.

헌책

세월이 지났다고
새 책이 헌책이 되는 게 아니다.

헌책은 사랑하는 이의
손때가 묻어서 정답고
밑줄 친 흔적이 있어 추억으로 자란다.

헌책은 누더기 옷 걸쳐 입고
그리운 눈물자국이 곁들여
우리 곁을 맴돌며 금방이라도 떠나려한다.

언젠가 떠나는 너의 빈자리
이별의 아픔 누가 채워주며 달래줄까?

우리 내 인생도
언젠가는 헌책이 되겠지.

연필

연필은 사용해서 없어져야
그 가치가 드러난다.

연필은 사용하면 할수록
나무자루는 깎여서 작아지고
연필심은 닳아서 줄어든다.

우리네 삶도
연필심처럼 세월에 깎이고
세파에 닳아져서
소멸되지 않을까 걱정이 된다.

나도 어느새
몽당연필처럼
살날이 얼마 남지 않은 나이가 되고 말았다.

과욕은 독을 낳는다

아이가 풍선을 크게 불어 자랑하고파
젖 먹던 힘까지 발휘해 불고 또 부니

바람이 너무 많아 아프다고
아야! 아야! 소리 내며 울상이 되고

터지지 않으려고
그만! 그만! 소리 지르네.

그래도 멈추지 않고
불고 또 불어
드디어 꽝! 하고 풍선이 터지고 만다.

아이가 운다.

선생님 규칙

숙제 했나, 일기는 썼느냐
손과 발을 잘 씻고 양치질을 하였느냐
뒷-짐 지고 검사하는 선생님

규칙이 얼마나 어려운 것인지
아실까 모르실까
오늘은 우리가 선생님 규칙을 정한다.

첫째, 담배 피우지 않기
둘째, 때리지 않기
셋째, 우리한테 잘 대해주기
넷째, 술 적게 마시기

선생님이 지켜야 할 규칙에
우리가 지켜야 할 규칙 앞에
지키기 어려워 꽥! 소리 지른다.

지킬 수도 지킬 필요도 없는 약속들이
부도난 어음처럼 쌓이는데
우리가 규칙을 어기는 순간
선생님은 셋째 항을 어기고 말았다.

가방이 무거운 아이들

아침 일곱 시에 집을 나서
저녁 일곱 시가 넘어 집으로 돌아오는
하루 종일 바쁜 아이들

커다란 가방은 조그마한 어깨를 가려버리고
학교공부, 방과 후 학교, 학원수강 등
바쁜 일정에 숨차게 달린다.

재잘대던 해맑은웃음 어디로 가고
콩 나물 시루 같은 좁은 공간에
생기 잃은 아이들이 졸고 있다.

한 번쯤 가방을 열어보아
동심의 세계로 돌아가서
무거운 짐 덜어주고
하루라도 아이들이 창공을 날 수 있도록
날개를 달아주고 싶다.

사랑이 깃든 교실

아이들이 하교한 텅 빈 교실에
메모한 낙서종이, 선생님의 흉보기, 연애편지 등
감추어진 비밀들이 서서히 고개를 내밀며
여기저기서 도란도란 이야기를 토해낸다.

감추어진 비밀이 공개된 교실은
아이들의 보금자리요
해맑은 미소로 항상 초만원이다.

이런 교실 안을 들어서면
아이들의 귀여운 모습보다
난 아이들을 어떻게 대하였는지 덜컥 겁이 난다.

교실은 아이들의 대화의 장이요
욕구불만을 해소하는 장이다.
그러나 선생님의 걱정은
눈여겨 두고 볼 일이다.

평설

『머물고 싶은 세월』 詩說

이훈식 · 시인

안영호 시인의 첫 번째 시집을 먼저 축하하고 싶다.

오랜 동안 후학을 가르치는 자리에 계시다가 정년 이후 연륜과 더불어 시적 사유의 세계로 이어지는 그 자유로움을 언어라는 도구를 통해 다채롭게 형상화시키고 계시는 분이다.

그냥 일상에서 지나칠 수 있는 이야기들을 가지고 현란한 수사나 시적 장치로 꾸미지 않고 행간과 행간 사이 소박하고 천진한 시각으로 지나온 삶을 조명해 보며 길섶에 핀 들꽃처럼 화려하지 않은 문향을 우리들에게 보여 주고 있다.

상상력을 동원하여 속내에 담겨진 경험들을 재구성하는 작업이야말로 오스카 와일드가 "시는 힘찬 감정의 위세 좋은 충일이지만 그 원천은 조용히 회상된 감동이다."라고 말한 의미를 새삼 새겨보게 하는 시인이다. 깊은 사랑과 사색을 통해 얻어진 기쁨을 많은 사람들과 나누고자 하는 따스한 마음이 시어들마다 생명으로 가득 차 있다. 시인의 생애는 강단에서 보낸 그리움과 맑은 심성으로 점철된 외길의 삶이다

주민들이 토해 낸
뒤죽박죽 섞어진 산더미 같은 쓰레기

원망도 미음도 많건만
그저 웃으며 분리수거하는 모습이 부처와 같다.
—〈경비 아저씨 마음〉 중에서

시인의 시에서는 은유적 소재가 난해하거나 지나치게 주관적인 혹은 추상적인 관념보다는 한 개인의 솔직담백한 고백만큼 꾸밈이 없다.

경비 아저씨가 쓰레기를 아무런 불평 없이 수거하는 모습 속에서 객관적 자아가 아닌 주관적 자아를 만나고 있는 것이다. 정말이지 세상을 바라보는 눈이 참으로 따뜻하다.

한나절이 지나 인적이 뜸해지면
김치와 깍두기에 찬밥으로
허기진 배를 채우니
졸음이 와서 그런지 환한 웃음 지으며
무슨 소원을 기도하는지
꾸벅꾸벅 오수에 빠져 있네
—〈할머니의 기도〉 중에서

울면서 빵을 씹어 보지 않고서는 가난을 얘기하지 말라는 말처럼 노상에서 물건을 파는 할머니의 진솔한 모습을 통해 시인의 가슴 속 깊이 맞닿은 그 공간에서 들리는 내

면의 소리가 잔잔한 울림으로 그려져 있다. 어떤 사물의 인식과 가치를 보고 즉흥적 묘사가 아니라 동일한 경험이 가져다주는 침전된 사유를 노래하고 있다. 〈아버지의 사랑〉이라는 시에서도 세월조차도 돌아설 힘이 없는 자리에서 그리움이란 단순한 의미가 아니라 지나간 시절의 사소한 흔적까지 시인의 손을 거치면 절실한 언어로 재탄생 된다.

이젠 더 이상
머물고 싶은 추억들을 접고
꿈도 젊음도 고갯길에 오르고
산마루에 걸린 노을이 떨어지니
더 이상 붙잡을 수 없어
묵묵히 지켜 온 교단이
내 곁을 떠나려 하네
　　　　　-〈머물고 싶은 세월〉 중에서

교육자라는 그 성직에 있었을 때가 가장 머물고 싶었던 자리였다는 것을 감상적 이미지를 떠나 정년퇴임으로 다가온 현실을 담담히 받아들이며 다층적 마음 공간에 자기 물음으로 대답하고 있음을 본다.

우리도 살다 보면

상처가 마음까지 흠뻑 젖은 강한 소나기로
우리 곁에 잠시 머물다
고운 무지개로 다시 떠오른다네.
　　　　–〈우연히 만난 소나기〉 중에서

〈허수아비〉, 〈고추잠자리〉, 〈새우〉, 〈꼬막〉, 〈아침바다〉, 〈소금〉, 〈은갈치 조림〉처럼 보편적이고 평면적인 소재를 시인의 의식 속에서 재조명해 보며 재생 그 의미를 확대하고 있음을 본다.

시인의 시적 창조는 발렌의 말처럼 "일상적인 언어를 가지고 일상적이지 않게 쓰는 것이라는" 말이 피부로 다가오는 시들이다.

기다리다 지친 고통이
상사병으로 도져
토해낸 각혈로
불갑사 산사의 계곡을
피로 물들여 놓았다
　　　　–〈상상화 길〉 중에서

진달래 꽃길을 걷는
핏기없는 상춘객 얼굴엔

어느새 분홍빛으로 상기 되었네
아마도 상춘객이
진달래꽃을 닮아가나 봐
　　　　-〈제암산 진달래꽃〉 중에서

뚝! 하고 땅에 떨어져 목이 꺾여도
오랫동안 시들지 않고
석양의 노을과 어우러져
땅바닥을 붉게 물들일 때 가장 아름답다.
　　　　-〈늦동백이 가장 아름다울 때〉 중에서

한 마디로 안영호 시인은 동심의 해맑은 시각을 가진 그 순수함이 시어마다 묻어난다. 시인의 그런 능력은 오랜 교사 생활에서 우러난 남달리 눈과 귀가 밝은 데서 기인한 것일 것이다. 꽃을 사랑하고 슬픔까지도 내 것으로 내면화 시키는 그 여유가 신선하다.

〈섬진강 벚꽃〉, 〈산수유꽃〉, 〈유채꽃〉, 〈자운영 꽃밭 추억〉, 〈장미와 가시〉, 〈넝쿨 장미〉, 〈씀바귀꽃〉, 〈목련꽃〉, 〈매화꽃〉, 〈금잔디〉, 등 늘 시적 화자는 모든 사물에 관심을 가진다. 그 관심은 개인이든 사물이든 간절한 애정과 아름다움이 내재된 가치의식이 전제로 나타나고 있음을 본다.

시는 해석이 아니고 논리도 아니다. 뜨거운 열기와 진한

빛깔로 우리에게 기쁨을 가져다준다면 그것으로 충분하다.

절묘한 암석과 펑 뚫린 동굴
벼랑 위 잡초가 어우러진 서석대에
노을이 들면 수정처럼 빛난다고
일명 수정병풍이란다.
　　　　-〈무등산 서석대〉 중에서

헌책은 사랑하는 이의
손때가 묻어서 정답고
밑줄 친 흔적이 있어 추억으로 자란다.
　　　　-〈헌책〉중에서

아이들이 하교한 텅 빈 교실에
메모한 낙서종이. 선생님의 흉보기. 연애편지 등
감추어진 비밀들이 서서히 고개를 내밀며
여기저기서 도란도란 이야기를 토해낸다.
-〈사랑이 깃든 교실〉-중에서

육신은 비록 나이 들어가지만, 마음만은 순수한 동심으로 우리 곁에 늘 살아 있는 시인이다. 때 묻지 않은 이 천진난만한 시어들은 그저 묘사가 아닌 사랑의 고운 시각이 내재화된 묘사로서 잔잔한 감동을 주고 있다.

〈연필〉, 〈선생님의 규칙〉, 〈생명의 외침〉, 〈소중한 인연〉, 〈함평 나비 축제〉, 〈봄나물〉, 〈헌책〉 등등. 다채로운 기교나 혼란스런 은유보다는 직설적이고 애정 어린 목소리로 자족적인 상상력의 회로를 따라 간결한 숨결로 우리들에게 속삭이고 있다.

다정한 가슴을 가진 시인, 전통적인 서정을 음률로 담은 시인, 늘 가까이서 만날 수 있는 시인으로서 새로운 창조의 기쁨을 우리에게 전해 주고 있다. 어떤 때는 어린아이 같은 초롱초롱한 눈빛으로, 어떤 때는 자상한 스승의 모습으로 나와 너의 관계를 분리하지 않고 하나로 통합하여 자기화시킨 시인이다. 사실 영원한 현재를 지향하는 것이 서정시의 특성이라고 볼 때 나 이외에 그 모든 것을 자기화시키는 작업이란 결국 구상 시인의 말대로 "언어를 통한 구도이다."

관능적이거나 육감적인 시어들은 아니지만, 시각적 이미지와 청각적 이미지가 적절히 어울린 시적미학이 맑고도 투명하다. 이 글에서 시인의 문학적 모든 부분을 얘기하기엔 너무 벅차지만 자연 풍경이나, 생활공간의 모든 사물들을 통하여 꾸밈없는 시어로 형상화시킨 시어들이 매우 정감 있게 그려져 있으므로 누구나 쉽게 공감되는 시들이다. 안 시인의 심리적 공간이나 상상적 공간은 언제나 제자리

를 돌고 도는 공간이 아니라 지상에서 허락된 유한한 시간 속에서 철저히 자기를 인식하며 남과 더불어 함께 하고자 하는 삶의 끝없는 연민이 슬프고도 아름답게 시적 세계를 형상화하고 있다.

이러한 시 정신이 더욱 문향 가득한 시인으로 우리 앞에서 있기를 기대해 보고 싶다.